Beiträge zum Patentrecht

Von

W. Dunkhase

Geheimer Regierungsrat und Direktor im Kaiserlichen Patentamte
zu Berlin

III

Die Prüfung
der Erfindung auf Patentfähigkeit

Berlin und Leipzig

G. J. Göschen'sche Verlagshandlung G. m. b. H.

1913

Die
Prüfung der Erfindung
auf Patentfähigkeit

Von

W. Dunkhase
Geheimer Regierungsrat und Direktor im Kaiserlichen Patentamte
zu Berlin

Berlin und Leipzig
G. J. Göschen'sche Verlagshandlung G. m. b. H.
1913

Druck
der Spamerschen
Buchdruckerei in Leipzig

Übersicht

Abkürzungen

PG. = Patentgesetz
PA. = Patentamt
RG. = Reichsgericht
Bl. = Blatt für Patent-, Muster- und Zeichenwesen
GR. = Gewerblicher Rechtsschutz und Urheberrecht
M. u. W. = Markenschutz und Wettbewerb

Vorwort.

Der hiermit veröffentlichte dritte Beitrag zum Patentrechte behandelt die Prüfung der Erfindung auf Patentfähigkeit und im Zusammenhange damit auch die Frage der Bedeutung des Patentanspruchs, die schon seit längerer Zeit im Mittelpunkte des Interesses steht und andere Fragen, die an Wichtigkeit hinter ihr kaum zurückstehen, vielleicht zu sehr, in den Hintergrund gedrängt hat.

A. Der Gegenstand der Prüfung.

Nach dem Sprachgebrauche bedeutet das Wort Erfindung zwar auch die Handlung des Erfindens, also die schöpferische Tat des Erfinders, in der Regel aber wird es für das Ergebnis dieser schöpferischen Tätigkeit gebraucht.

Die Erfindung im letzteren Sinne kann man nun von zwei verschiedenen Gesichtspunkten aus betrachten.

Betrachtet man die Erfindung lediglich als Werk ihres Schöpfers (Erfindung im subjektiven Sinne), so ist die Tätigkeit des Erfinders als eine schöpferische, und sein Werk als eine Schöpfung auch dann anzuerkennen, wenn er aus eigener Kraft etwas gefunden hat, was sich in (ihm unbekannt gebliebenen) Druckschriften bereits veröffentlicht findet und deshalb gemäß § 2 des PG. Gemeingut ist.

Betrachtet man hingegen die Erfindung als selbständiges Gut (Erfindung im objektiven Sinne) und sieht davon ab, daß sie das Werk eines bestimmten Schöpfers ist, so scheidet das persönliche Element ganz aus. Es ist bei dieser Betrachtung gleichgültig, ob es sich um eine Schöpfung des A, des B, oder des C. handelt, und es kommt nur darauf an, ob in der Erfindung etwas geschaffen ist, was für die Allgemeinheit von Bedeutung ist, weil es ihr ein Wertgut zuführt. Dies ist nur unter der Voraussetzung der Fall, daß das, was der Erfinder geschaffen hat, für die Allgemeinheit noch neu ist. Ist das Geschaffene nur für den Erfinder neu, nicht aber für die Allgemeinheit, so liegt nur im subjektiven, nicht aber auch im objektiven Sinne eine Erfindung vor. Ist das Geschaffene sowohl für den Erfinder wie für die Allgemeinheit neu, so liegt sowohl subjektiv wie objektiv eine Erfindung vor. Haben zwei Personen unabhängig voneinander ganz die gleiche Erfindung gemacht, so liegt objektiv betrachtet nur eine einzige Erfindung vor[1]), während im subjektiven Sinne zwei verschiedene Erfindungen gemacht sind, an denen je ein besonderes Urheberrecht begründet ist.

Da das Patent ein Entgelt bildet für die Bereicherung, welche die Allgemeinheit durch die Erfindung erfährt, so kann für die Frage, ob ein Patent zu erteilen ist, lediglich die Erfindung im objektiven Sinne in Betracht kommen. Ob der Erfinder wegen mangelnder Sachkunde und wegen zufällig bei seiner Arbeit aufgetretener ungünstiger Umstände mit großen Schwierigkeiten zu kämpfen hatte, oder ob ihm die Erfindung durch die Gunst des Zufalls in den Schoß gefallen ist, mag für seinen Erfinderruhm von Bedeutung sein; der Wert dessen, was die Allgemeinheit empfängt, ist in beiden Fällen ganz der gleiche. Nur was die Allgemeinheit empfängt, nicht aber, unter welchen besonderen Umständen gerade der Erfinder es geschaffen hat, kommt für die Prüfung auf Patentfähigkeit in Betracht.

Die Aufgabe der patentamtlichen Prüfung besteht nun darin, in dem angemeldeten Gegenstande das, was objektiv als Erfindung in Betracht kommen kann, festzustellen und sodann den objektiven Befund auf seine Patentfähigkeit zu beurteilen. Hiernach ist die angemeldete Erfindung auf Neuheit und Eigenart zu prüfen[2]).

B. Die Kennzeichnung der Erfindung und der Patentanspruch.

Die Erfindung besteht in einer Kombination von Elementen, deren Zusammenbringen nicht für jeden, selbst bei Vorausset-

---

[1]) Vgl. d. Verf. „Patentfähige Erfindung u. Erfinderrecht“ S. 36.

[2]) Daß die Erfindung der Technik angehören und gewerblich verwertbar sein muß, daß sie vom Patentschutze nicht gesetzlich ausgeschlossen sein darf, und daß sie, einmal durch Patent geschützt, durch Patent nicht wieder geschützt werden kann, gehört zwar auch zur Patentfähigkeit. Indessen handelt es sich bei diesen Fragen nicht um eine Prüfung auf Patentfähigkeit im engeren Sinne, die den Gegenstand der vorliegenden Schrift bildet.

zung besonderer Fachbildung, ohne weiteres gegeben ist, sondern schöpferische Kraft erfordert.

Das Wort Kombination ist hier im weitesten Sinne des Wortes zu verstehen; es soll jede Art der Vereinigung umfassen.

Die vom Erfinder gefundene Kombination muß auf die Herbeiführung eines bestimmten Erfolges gerichtet sein. Die Erfindung ist der Gedanke, welcher in die Tat umgesetzt den Erfolg herbeiführt. Da es sich bei diesem Gedanken um eine Kombination handelt, und da es schöpferische Kraft erfordert, um unter einer unendlichen Zahl von Kombinationen gerade eine solche herauszufinden, die den Erfolg herbeizuführen geeignet ist, so ist die Erfindung eine Schöpfung, und zwar, da sie der Gedankenwelt angehört, eine Geistesschöpfung.

Die Erfindung im patentrechtlichen Sinne ist erst fertiggestellt, wenn die Mittel, mit welchen der Erfolg erreicht wird, gefunden sind. Sie muß so bestimmte Kennzeichen haben, daß ihre Benutzung durch Sachverständige auf Grund der Beschreibung möglich ist (§ 20 Abs. 1 und § 2 Abs. 1 des PG.), und sie muß so beschaffen sein, daß das Gewerbe sie auszuführen vermag (§ 1 des PG.).

Die Erfindung ist eine Geistesschöpfung, die bei ihrer Ausführung konkrete Gestalt annimmt. Sie muß daher in konkreter Form, sei dies ein körperlicher Gegenstand oder ein Verfahren, gekennzeichnet werden. Der körperliche Gegenstand oder das Verfahren, in dem die Erfindung ihren Ausdruck findet, ist aber nicht die Erfindung selbst.

Der körperliche Gegenstand bildet nicht notwendig in seiner Gesamtheit die Verkörperung der Erfindung. Die Erfindung kann vielmehr auch in einem einzelnen Merkmale dieses Gegenstandes liegen. Darnach kann derselbe körperliche Gegenstand eine mehr oder weniger weitgehende Erfindung einschließen. Wie weit in dem körperlichen Gegenstande die Erfindung geht, muß die Kennzeichnung der Erfindung zum Ausdruck bringen.

Wer eine Erfindung in einem Gegenstande kennzeichnen will, muß hiernach eine andere Form wählen, als der Lehrer, der im Unterricht den gleichen Gegenstand ohne Rücksicht auf die Erfindung beschreiben will.

Ist z. B. ein bekannter, aus den Elementen a c d bestehender Gegenstand dadurch in seiner Gebrauchsfähigkeit besonders verbessert, daß ihm das Element b hinzugefügt ist, so wird derjenige, dem nicht daran liegt, die Erfindung zu kennzeichnen, den Gegenstand als aus den Elementen a b c d bestehend beschreiben, während der Erfinder den Gegenstand als a c d, gekennzeichnet durch die Einfügung von b (zwischen a und c) beschreiben wird.

Soll auf die Erfindung ein Patent erteilt werden, so darf hier nicht die farblose Kennzeichnung a b c d gewählt werden, weil diese Kennzeichnung den Beteiligten darüber, worin das Wesen der Erfindung besteht, keinen Aufschluß gibt. Bei der Patenterteilung muß vielmehr die Erfindung als a c d, gekennzeichnet durch die Hinzufügung von b, einen klaren Ausdruck finden. Es genügt hier auch nicht etwa, daß das Element b, welches das Merkmal der Erfindung bildet, schlechthin für sich allein als die Erfindung bezeichnet wird. Denn b ist nur ein einzelnes unselbständiges Element von a b c d, das hier nur in seiner besonderen Funktion in Betracht kommt. Es hat den bekannten Gegenstand a c d verbessert, und zwar in einer Weise, daß der verbesserte Gegenstand als eine Einheit, nämlich als a b c d den Erfolg der Erfindung verbürgt, also nicht b allein, sondern b unter Mitwirkung von a c d, d. h. sämtliche Elemente in ihrer Gesamtheit.

Wäre nicht ein bekanntes a c d durch b, sondern ein bekanntes a c durch b d verbessert, so wäre die Erfindung und ihre Kennzeichnung eine andere, obwohl bei beiden der ganze Gegenstand a b c d, äußerlich betrachtet, der gleiche wäre.

Gemäß § 20 des PG hat nun der Anmelder am Schlusse der mit dem Patentgesuche einzureichenden Beschreibung dasjenige anzugeben, was als patentfähig unter Schutz gestellt werden soll (Patentanspruch). Es ist also Sache des Anmelders, den Patentanspruch aufzustellen, während das Patentamt berufen ist, den Anspruch zu prüfen und bei der Patenterteilung endgültig festzustellen. „Patentfähig“ ist die Erfindung, für welche auf Antrag, vorbehaltlich der Bestimmungen der §§ 1, 2 und 3 des PG., ein Patent erteilt werden soll. Der Patentanspruch soll also die für patentfähig erachtete Erfindung angeben. Er soll diese Erfindung nur angeben, d. h. kennzeichnen, er ist also nicht dazu bestimmt, den Schutzbereich der patentierten Erfindung abzugrenzen. Zu einer solchen Abgrenzung wäre das Patentamt auch nicht in der Lage. Diese Aufgabe fällt den Gerichten zu. Die praktische Bedeutung einer Erfindung läßt sich im Patenterteilungsverfahren in vielen Fällen noch gar nicht übersehen. Es ist unmöglich, die Vielgestaltigkeit des Lebens, mit welchem die Erfindung in Berührung zu treten hat, nach allen Richtungen hin ins Auge zu fassen und darnach dem Patentschutze die zutreffende Abgrenzung zu geben. Immerhin bildet die im Anspruch gekennzeichnete Erfindung die Grundlage für den darauf erteilten Patentschutz. Diese Grundlage ist breiter oder enger, je nachdem, ob die Erfindung in dem Gegenstand mehr oder weniger beschränkt gekennzeichnet ist. In diesem Sinne kann man wohl sagen, daß der Patentanspruch auch für den Schutzbereich der Erfindung maßgebend ist, während allerdings für die Einbeziehung alles dessen, was z. B. unter dem Gesichtspunkte der Äquivalenz in diesen Schutzbereich fällt, im Patentanspruch kein Raum ist.

Der Anmelder wird von seinem Standpunkte aus die Erfindung regelmäßig so, wie er sie geschaffen hat, also als Erfindung im subjektiven Sinne kennzeichnen. Das Patentamt hingegen hat die Aufgabe, die angemeldete Erfindung auf Patentfähigkeit zu prüfen. Bei dieser Prüfung wird sich dann nicht selten ergeben, daß die Erfindung zwar patentfähig, daß der Stand der Technik indessen ein anderer ist, als der Anmelder angenommen hat. Die vom Anmelder subjektiv geprägte Erfindung muß dann unter dem Stempel des Standes der Technik umgeprägt werden. Der Gegenstand als solcher bleibt derselbe; nur die in ihm enthaltene Erfindung enthält statt der subjektiven die ihr für den Patentschutz zukommende objektive Kennzeichnung.

Der Patentanspruch hat sich auf die in dem Gegenstande

vorliegende Kombination zu richten. Dies schließt nicht aus, daß nicht auch für die einzelnen Glieder ein Schutz eintritt. Wie weit hier der Schutz reicht, ist im Streitfalle von den Gerichten zu entscheiden. Dieser Schutz beschränkt sich indessen auf die besondere Funktion oder Wirkung, welche die einzelnen Glieder bei Herbeiführung des Erfolges der Erfindung ausüben. Beansprucht der Patentsucher das Glied nicht bloß in seiner Funktion, sondern als solches, d. h. als selbständige Erfindung, geschützt, so muß er dies in einem besonderen Anspruche zum Ausdruck bringen.

Für die Aufstellung der Patentansprüche hat sich im Patenterteilungsverfahren eine besondere Form herausgebildet. Es wird bei Kennzeichnung der Erfindung von dem zunächst übergeordneten Gattungsbegriffe ausgegangen, an welchen sich sodann die zur Kennzeichnung der Erfindung dienenden Merkmale anschließen, z. B.

Patent 237247: Flüssigkeitsmanometer, gekennzeichnet durch eine mit elektrischer Kontaktspitze versehene Längenmeßvorrichtung;

Patent 237254: Bogentransportapparat für Perforiermaschinen mit automatischer Bewegung des Transportschlittens, dadurch gekennzeichnet, daß die Bewegung durch eine oszillierende Teilschiene bewirkt wird;

Patent 237294: Luftschifftragkörper mit äußerer Versteifung durch ringartige Körper, dadurch gekennzeichnet, daß die Ringe in tiefen Einschnürungen der Ballonhülle liegen und mit ihr verbunden sind.

Diese Formulierung hat den großen Vorzug, daß sie sowohl den Anmelder wie das Patentamt nötigt, dasjenige, was in dem vorliegenden Gegenstande die Erfindung ausmacht, in voller Schärfe ins Auge zu fassen.

Die gekennzeichneten Gegenstände bilden als solche eine Einheit. Ihre Kennzeichnung ist jedoch keine farblose, dem gewöhnlichen Sprachgebrauche entsprechende, sondern sie erhalten gewissermaßen einen amtlichen Stempel aufgedrückt, der das, was in ihnen die objektive Erfindung bildet, in einer für die Allgemeinheit verständlichen Weise zum Ausdruck bringt.

Statt der Formel „dadurch gekennzeichnet" wird unter Umständen auch eine andere Form gewählt, z. B.

Patent 237164: Verfahren zur Darstellung wasserfreier Hydrosulfite durch Trocknen im Vakuum, darin bestehend, daß man nach erfolgter Entwässerung das Vakuum durch getrocknete Luft oder andere getrocknete sauerstoffhaltige Gase aufhebt.

Es ist auch nicht erforderlich, daß die Kennzeichnung der Erfindung durch den Patentanspruch stets in einem einzigen Satz erfolgt[3]).

Besteht die Erfindung in einer Einrichtung, bei welcher zwei an sich bekannte Gegenstände, die als solche für sich allein selbständig sind, in einer einen besonderen Erfolg verbürgenden Weise miteinander verbunden werden, z. B. in der Verbindung von A und B, so ist die übliche Form der Kennzeichnung hier nicht am Platze. Denn ebensogut wie die Form „A gekennzeichnet durch seine Verbindung mit B" könnte man auch die umgekehrte Form wählen. Hier ist lediglich die Verbindung von A und B als die Erfindung anzugeben.

Die Erfindung ist ein einheitliches, in einer Kombination bestehendes Ganzes. Nicht das einzelne Element, sondern die Kombination wird patentiert, und die Erfindung setzt sich nicht nur aus den Elementen, die auf die Worte „dadurch gekennzeichnet, daß" folgen, zusammen, sondern sie umfaßt auch die vorangestellten Elemente. Die äußerliche Scheidung hat nur die Bedeutung, daß dadurch das, was an der Erfindung eigenartig ist, gegenüber dem, was nicht neu oder nicht eigenartig ist, hervorgehoben wird. Das, was im zweiten Teile steht, braucht auch als solches nicht eigenartig zu sein; es genügt, daß seine Verbindung mit dem, was im ersten Teile steht, eigenartig ist.

Der Patentanspruch soll die Erfindung in ihrer Eigenart, d. h. nach ihren Merkmalen kennzeichnen. Worin diese Merk-

---

[3]) Vgl. z. B. Bl. 1913 S. 35 PA.

male bestehen, hat der Anmelder anzugeben. Es genügt nicht, daß er den Gegenstand, der die Erfindung enthält, farblos beschreibt. Eine farblose Beschreibung genügt nicht einmal für den Gebrauchsmusterschutz. Auch bei der Gebrauchsmusteranmeldung muß angegeben werden, welche neue Gestaltung oder Vorrichtung dem Arbeits- oder Gebrauchszweck dienen soll, obwohl die Gebrauchsmuster einer patentamtlichen Prüfung auf Neuheit und Eigenart nicht unterworfen sind. Zwar kann der Anmelder sich ebenso wie beim Gebrauchsmuster, so auch bei der Patentanmeldung auf den Standpunkt stellen, daß der ganze Gegenstand in jeder Beziehung neu und eigenartig sei. Er muß dies aber bei der Patentanmeldung in einem besonderen Patentanspruch zum Ausdruck bringen, und wenn sich bei der amtlichen Prüfung ergibt, daß sein Standpunkt ein unrichtiger ist, so muß er auf Beanstandung eine Umstempelung seines Anspruchs vornehmen.

Das Patentamt hat nicht die Aufgabe, den vom Anmelder beschriebenen Gegenstand in allen seinen Elementen auf Neuheit zu prüfen, sondern es hat die vom Anmelder gekennzeichnete Erfindung zu prüfen. Worin der Anmelder die Erfindung erblickt, bleibt ihm allein überlassen. Das Patentamt ist nicht befugt, an Stelle dieser Erfindung eine ganz andere Erfindung zu setzen, die es an dem beschriebenen Gegenstande entdeckt, wenngleich es allerdings die Pflicht hat, einem ungewandten Anmelder behilflich zu sein, den Kern seiner Erfindung aus dem beschriebenen Gegenstande herauszuschälen[4]). Hiervon abgesehen hat sich also das Patentamt bei seiner Prüfung auf Neuheit und Eigenart an die vom Anmelder selbst gekennzeichnete Erfindung zu halten und darf aus diesem Rahmen nicht heraustreten.

Die Kennzeichnung der Erfindung im Patentanspruch ist nicht in der Weise vorzunehmen, daß eine rein äußerliche Scheidung des Neuen vom Bekannten stattfindet. Die einzelnen Elemente der Erfindung werden für sich fast immer mehr oder weniger bekannt sein, so daß eine äußerliche Schei-

---

[4]) Vgl. Bl. 1900 S. 360.

dung nach dieser Richtung hin überhaupt nicht möglich ist. Das Patent 188402 schützt z. B. eine Auftreibmaschine für Fässer und ähnliche Holzgegenstände, dadurch gekennzeichnet, daß die aufzusetzenden Eisenreifen von Magneten in dem Preßkopf gehalten werden. Eisenreifen, Magnete und Preßköpfe sind an und für sich bekannt, obwohl sie hinter den Worten „dadurch gekennzeichnet" ihren Platz finden. Es kommt nicht darauf an, das, was bekannt ist und was neu ist, als solches kenntlich zu machen, sondern der Patentanspruch soll die Aufgabe erfüllen, die Erfindung ihrer Eigenart nach in einer für den Sachverständigen verständlichen Weise auszuprägen. Es kann hier allerdings unter Umständen wohl ein Anlaß vorliegen, die Verbindung eines einzelnen Elementes mit andern Elementen als bekannt hervorzuheben, um zum Ausdruck zu bringen, daß diese Verbindung an und für sich nichts neues oder eigenartiges ist. Ein solcher Anlaß besteht aber, wie weiter unten noch näher auszuführen ist, nur dann, wenn die Verbindung in der besonderen Funktion, die sie bei der Erfindung im ganzen erfüllt, bereits bekannt ist. Ist hiernach eine Kennzeichnung dieses Verbindungsgliedes als eines bekannten erforderlich, so braucht diese nicht gerade dadurch zu erfolgen, daß das Verbindungsglied in den Teil des Patentanspruchs aufgenommen wird, welcher der Formel „dadurch gekennzeichnet" vorausgeht, sondern sie kann auch im Nachsatze z. B. durch die Formel „in bekannter Weise" erfolgen.

Da die Erfindung nur in der besonderen Kombination der einzelnen Elemente besteht, so liegt im allgemeinen kein Anlaß vor, bei der Kennzeichnung hervorzuheben, ob die einzelnen Elemente als solche, abgesehen von ihrem Zusammenhange in der Erfindung, bereits bekannt sind. Denn auf die Elemente als selbständige Gegenstände erstreckt sich die Erfindung nicht. Will der Anmelder auf diese einen selbständigen Schutz erhalten, was nur unter der Voraussetzung zulässig ist, daß sie besondere Erfindungen bilden, so muß er dafür besondere Patentansprüche aufstellen, die in einer Anmeldung vereinigt werden können. Dies gilt auch von einer Verbindung mehrerer einzelner Elemente, die als solche ein Glied der Erfindung ist.

Beansprucht der Anmelder diese Verbindung selbständig geschützt, so muß er sie zum Gegenstande eines besonderen Patentanspruchs machen.

Anders liegt es, wenn die Verbindung gerade in der Funktion, die sie bei der Erfindung im ganzen auszuüben hat, bereits bekannt ist. In diesem Zusammenhange gehört sie der Erfindung an, und es dient, wie oben bereits bemerkt wurde, der Kennzeichnung der Erfindung selbst, wenn zum Ausdruck kommt, daß in diesem Verbindungsgliede nicht das Neue und Eigenartige der Erfindung liegt. In diesem Falle ist die Kennzeichnung für die Frage des Teilschutzes von Bedeutung.

Setzt sich eine erfundene Einrichtung aus den in eine eigenartige Verbindung gebrachten Teilen A und B zusammen, die, jeder für sich, selbtändige Gegenstände bilden, so ist der Patentanspruch auch hier nur auf die Verbindung zu richten. Denn nur die Verbindung von A und B ist die Erfindung. Enthält auch A oder B für sich noch eine besondere Erfindung und will hier der Anmelder A oder B noch besonders geschützt haben, so muß er, wenn das, was er erfunden hat, richtig gekennzeichnet werden soll, dafür besondere Patentansprüche vorlegen, die in einer Anmeldung vereinigt werden können. Ist hingegen nur die Verbindung von A und B beansprucht, so liegt kein Anlaß vor, auch nach der Richtung hin, ob A oder B als solche neu sind, eine Kennzeichnung vorzunehmen.

Die Erfindung im ganzen muß unter allen Umständen im Patentanspruch gekennzeichnet werden, da sie den Gegenstand des Patentschutzes bilden soll. Dagegen findet das Patentamt nicht immer Anlaß, die Erfindung auch in allen ihren Einzelheiten genau auszuprägen. Insoweit die Prägung offen geblieben ist, ist es in Streitfällen Sache der Gerichte, den Stand der Technik festzustellen und darnach den Schutz der patentierten Erfindung zu bestimmen. Diese Zuständigkeit der Gerichte ist namentlich auch für die Feststellung des Teilschutzes von Bedeutung. Patentiert ist zwar nur die Erfindung im ganzen, aber der Schutz des Ganzen umfaßt unter Umständen auch den Schutz der einzelnen Teile, zwar nicht als selbständiger Gegenstände, da sie als solche nicht patentiert sind, wohl aber in ihrer Zugehörigkeit zum Ganzen. Bildet A, verbessert durch a b c d, die Erfindung und ist b in seiner bei der Erfindung in Betracht kommenden funktionellen Verbindung mit c bekannt, so dient es zur Kennzeichnung der Erfindung, daß die Beziehung zwischen b und c als bereits bekannt hervorgehoben wird. Ist dies im Patentanspruche geschehen, so hat die Erfindung damit ihr besonderes Gepräge erhalten und die Gerichte sind an diese Kennzeichnung der Erfindung gebunden. Daraus, daß die Beziehung zwischen b und c als bekannt hervorgehoben ist, und daß diese Hervorhebung bezüglich der Beziehungen zwischen a und b sowie c und d unterblieben ist, folgt indessen nicht, daß die letzteren Beziehungen grundsätzlich als neu und eigenartig zu gelten hätten. Die Kennzeichnung der Beziehung von a zu b als einer bekannten, kann aus dem sehr einfachen Grunde unterblieben sein, daß es einer solchen Kennzeichnung nicht bedurfte, weil es sich dabei um eine Kenntnis handelte, die bei jedem Sachverständigen ohne weiteres vorauszusetzen war. Auch die Hervorhebung der Beziehung zwischen b und c als einer bekannten hätte unterbleiben können, ohne daß darum der Schluß gerechtfertigt wäre, daß sie als unbekannt habe hingestellt werden sollen.

Insoweit im Patentanspruche eine Kennzeichnung der Erfindung erfolgt ist, sind die Gerichte an diese gebunden; insoweit eine Kennzeichnung im einzelnen unterblieben ist, haben die Gerichte im Streitfalle in eine Prüfung einzutreten.

Die Gerichte sind grundsätzlich weder befugt, einen Patentschutz zu gewähren, den das Patentamt nicht erteilt hat, noch auch einen Patentschutz abzusprechen, den das Patentamt erteilt hat. Sie sind daher an die Kennzeichnung der Erfindung in positiver wie in negativer Richtung gebunden, nämlich sowohl einerseits hinsichtlich dessen, was das Patentamt im Anspruche als bekannt bezeichnet hat, als auch andrerseits hinsichtlich dessen, was das Patentamt als für die Erfindung eigenartig festgestellt hat. Worin das Patentamt die Erfindung erblickt hat, ist aus dem Patentanspruch selbst in Verbindung mit der Beschreibung, erforderlichenfalls auch unter Heranziehung der Erteilungsakten, durch Auslegung zu ermitteln. Hierbei bleibt dem Gerichte ein gewisser Spielraum. Innerhalb des Rahmens der patentierten Erfindung kann das Gericht, wenn mehrere Merkmale der geschützten Erfindung in Betracht kommen, das Wesentliche mehr in dem einen Merkmal erblicken, während das Patentamt in der Patentbeschreibung mehr das andere Merkmal in den Vordergrund gestellt hat.

Ergibt sich, daß der Patentanspruch eine Überbestimmung enthält, z. B. weil in der Kombination a b c d das Element d für den Eintritt des Erfolges völlig entbehrlich ist, so ist diese Überbestimmung für den Schutz unbeachtet zu lassen. Das Patent ist also von den Gerichten so zu beurteilen, als ob a b c voll unter Schutz gestellt wäre. Läge der Fall so, daß der Erfolg zwar bei a b c im wesentlichen schon einträte, durch die Hinzufügung von d aber noch besonders verstärkt würde, so wäre hier der Erfolg von a b c als Teilerfolg Gegenstand des Patentschutzes. Dies zeigt aber, daß das in Wirklichkeit überflüssige Element d unbeschadet des Schutzes für a b c völlig wegbleiben kann. Eine ganz andere Frage ist es, ob hier die Hinzufügung des Elements d den Gegenstand des Patents mit einem wesentlichen Mangel behaftet hat, der die Erfindung als solche in Frage stellt. Hierüber Entscheidung zu treffen, steht aber nicht den Gerichten, sondern den dazu berufenen Nichtigkeitsinstanzen zu.

Kommt das Gericht auf Grund seiner Fesstellung des Standes der Technik zu der Erkenntnis, daß ein vom Patentamte als neu und eigenartig festgestelltes Verbindungsglied bereits bekannt oder für den Sachverständigen selbstverständlich war, so darf es dieser Erkenntnis nichtsdestoweniger keine Folge geben. Ist A verbessert durch a b c d als die Erfindung gekennzeichnet und ergibt sich, daß A verbessert durch a bereits bekannt war, so darf das Gericht dessenungeachtet nicht A a, verbessert durch b c d, als die patentierte Erfindung behandeln. Dies wäre eine willkürliche Beschränkung des Patents, zu der das Gericht nicht berufen ist. Eine solche Beschränkung kann nur im Nichtigkeitsverfahren stattfinden.

Andrerseits ist das Gericht, wenn sich ergibt, daß ein vom

Patentamt als bekannt gekennzeichnetes Element in Wirklichkeit neu und eigenartig war, ebensowenig befugt, sich über die vom Patentamte erfolgte Kennzeichnung der Erfindung hinwegzusetzen und für das erteilte Patent einen Schutz zu gewähren, der mit dem Patentanspruche nicht im Einklange steht. Hier ist überhaupt kein Weg eröffnet, um ein vom Patentamte begangenes Versehen wieder gutzumachen. Das Patentamt wird daher, wenn es auch der Allgemeinheit gegenüber die Pflicht hat, die patentierte Erfindung so scharf wie möglich zu kennzeichnen, doch, um den Anmelder nicht zu beeinträchtigen, guttun, in Fällen, in denen der von ihm angenommene Stand der Technik vom Anmelder bestritten wird und auch nicht außer Zweifel steht, sich mit einer Kennzeichnung der Erfindung im ganzen zu begnügen, und auf einer Kennzeichnung im einzelnen nicht weiter zu bestehen. Von der ihm zustehenden Freiheit wird es auch sonst Gebrauch machen, wenn die im einzelnen nicht notwendige Feststellung des Standes der Technik das Erteilungsverfahren in unerwünschter Weise in die Länge zu ziehen droht, ohne daß der Wert der gewünschten Feststellung für die Allgemeinheit dies rechtfertigt.

Hiervon abgesehen darf das Patentamt sich einer Kennzeichnung der Erfindung im einzelnen, soweit dies zum Verständnisse erforderlich ist, nicht enthalten. Wenn der Gesetzgeber die Patenterteilung mit konstitutiver Kraft in die Hand des Patentamts gelegt hat, so ist dies gerade zu dem Zwecke geschehen, um einerseits dem Anmelder einen sichern Schutz hinsichtlich dessen, was als Erfindung patentiert wird, zu gewährleisten und ihn in dieser Frage nicht von der Rechtsprechung der Gerichte abhängig zu machen, andrerseits aber auch, um der Industrie über die Grenzen dessen, was erlaubt und was unerlaubt ist, durch eine scharfe Kennzeichnung der Erfindung die Klarheit zu geben, die sie im Interesse der Sicherheit des Betriebes dringend wünschen muß. Würde das Patentamt von der Kennzeichnung im einzelnen absehen und es den Gerichten überlassen, nach dieser Richtung hin den Schutzumfang des Patents festzustellen, so würde das Patentamt dem Zwecke des Gesetzes, das gerichtliche Streitigkeiten hinsichtlich dessen, was als Erfindung geschützt ist, hat vermeiden wollen, geradezu entgegenhandeln.

Der Patentanspruch darf nicht lediglich auf die der Erfindung zugrunde liegende „spekulative Idee“[5]) gerichtet werden, wenngleich diese unter Umständen das Wesen der Erfindung ausmacht. Zur Erfindung gehört die Herbeiführung eines konkreten Erfolges. Nicht die Idee allein, sondern die Idee in Verbindung mit einem bestimmten Erfolge bildet die Erfindung des Patentrechts. Das Patentamt hat nicht selten Anlaß, Patentansprüchen entgegenzutreten, die der bloßen Idee einen ins Ungemessene gehenden, dem Umfange nach gar nicht abgrenzbaren Schutz sichern möchten. Letzteres ist nicht zulässig. Der Patentanspruch hat die Erfindung zu kennzeichnen. Handelt es sich dabei um eine sogen. Pioniererfindung, so ist es Sache der Gerichte, dem Anmelder den ihm gebührenden Schutz zu gewähren. Will der Erfinder für die Idee selbst einen möglichst weitgehenden Schutz erhalten, so muß er die Idee nach den verschiedensten Richtungen hin zum Erfolge führen und ebenso viele einzelne Patente dafür nachsuchen, ohne dabei von neuem erfinderisch tätig zu sein. Patentrechtlich liegen dann mehrere Erfindungen vor. Zwar hat der Erfinder hier nur dieselbe spekulative Idee zu verschiedenen Neuschöpfungen verwendet und es bedurfte in seiner Person auf Grund der bereits gewonnenen Erkenntnis keiner erfinderischen Tätigkeit mehr, um die verschiedenen Schöpfungen fertigzustellen, die als „verwandte“ Erfindungen demselben Schoße entsprossen sind. Sieht man aber von seiner Person ab, so kommen, objektiv betrachtet, gegenüber dem bisherigen Stande der Technik, dem die spekulative Idee noch fremd ist, mehrere Erfindungen zustande. Dies wird klar, wenn man sich den Fall vorstellt, daß die verschiedenen Erfindungen seitens ebenso vieler Erfinder unabhängig voneinander fertiggestellt werden. Zwar ist, wenn auch nur eine dieser verschiedenen Erfindungen und mit ihr die spekulative Idee neu-

---

[5]) Kohler im GR. 1911 S. 277, sowie Bl. 1900 S. 52 (55) RG., Bl. 1904 S. 329 (330) RG.

heitsschädlich bekannt wird, für die Allgemeinheit der Boden gegeben, auf dem nunmehr auch die übrigen Probleme von einem Sachverständigen ohne weiteres gelöst werden können. Dies ist aber nichts Besonderes. Denn bei der fortschreitenden Entwicklung der Technik wird manches selbstverständlich, was vordem eine Erfindung gewesen wäre.

Es können unter Umständen auch mehrere sachlich verschiedene Erfindungen in einer einzigen Anmeldung vereinigt werden. Zwar bestimmt der § 20 des PG., daß für jede Erfindung eine besondere Anmeldung erforderlich ist. Indessen hat der Gesetzgeber dabei nicht die Erfindung in dem hier behandelten Sinne im Auge, sondern er versteht dort, wie hier nicht weiter ausgeführt werden kann, unter Erfindung lediglich das vom Erfinder Gefundene in seiner Zusammengehörigkeit als Ganzes, das nicht ohne Not auseinandergerissen werden soll.

Es gilt als zulässig, daß der Anmelder, welcher auf Grund eines neuen Verfahrens ein neues Produkt herzustellen vermag, in derselben Anmeldung einen Anspruch auf das Verfahren und einen zweiten Anspruch auf das Produkt richtet. Der zweite Anspruch ist hier nicht überflüssig. Denn er soll dem Anmelder für das Produkt den Patentschutz in dem Falle sichern, daß ein anderer auf Grund eines anderen Verfahrens das gleiche Produkt herstellt. Daß hier in den beiden Ansprüchen zwei objektiv verschiedene Erfindungen zum Ausdruck kommen, ist oben schon näher ausgeführt worden. Dennoch läßt die Praxis des Patentamts die Verbindung in einer einzigen Anmeldung zu, obwohl der Anmelder sich die beiden verschiedenen Erfindungsgegenstände auch durch zwei Patente auf Grund von zwei besonderen Anmeldungen schützen lassen könnte.

Ist eine Erfindung, die für sich schon patentfähig ist, durch besondere Ausbildung einzelner Merkmale oder durch Hinzufügung neuer Merkmale verbessert werden, so ist es zulässig, dem Anspruche auf die Haupterfindung noch besondere Ansprüche auf die einzelnen Verbesserungen hinzuzufügen. Für die Nebenansprüche kommen dann nur die in ihnen gekennzeichneten Verbesserungen in Betracht, da die in ihnen als

Teil ihres einheitlichen Ganzen wiederkehrende Haupterfindung bereits durch den Hauptanspruch gedeckt ist und kein Kennzeichen der in den Nebenansprüchen beschriebenen Erfindungen bildet. Daß die in den Nebenansprüchen gekennzeichneten Verbesserungen auf der Grundlage der Haupterfindung nur durch eine neue erfinderische Tätigkeit geschaffen werden konnten, bildet hier keine Voraussetzung des Patentschutzes; denn die Haupterfindung steht den Verbesserungen nicht neuheitsschädlich entgegen. Es genügt, daß der Schutz der Haupterfindung durch die Nebenansprüche eine Erweiterung erfährt. Ist hingegen die Hinzufügung für den Schutz unerheblich, so daß sie dem Anmelder nichts weiter zu gewähren vermag, als was er schon durch den Hauptanspruch erhält, so ist sie für die Kennzeichnung der Erfindung bedeutungslos, und ein darauf gerichteter Nebenanspruch ist nicht gewährbar. Seine Aufnahme in den Nebenanspruch würde hier nur eine Überbestimmung bedeuten, während patentrechtlich der Nebenanspruch nichts anderes als eine unnütze Wiederholung des Hauptanspruchs wäre.

Nach der Praxis des Patentamts ist die Vereinigung mehrerer Gegenstände in einer Anmeldung auch dann zulässig, wenn mehrere Lösungen einer Aufgabe beansprucht werden, sofern die Erfindung in dem diesen Lösungen gemeinschaftlichen technischen Gedanken erkannt wird. Auch hier bildet jede der verschiedenen Lösungen eine Erfindung für sich, und jede ist patentfähig auf Grund der in ihr zur Anwendung gekommenen spekulativen Idee, die noch nicht Gemeingut geworden ist. Auf jede Erfindung ist ein besonderer Anspruch zu richten. Die verschiedenen Ansprüche sind indessen nur unter der Voraussetzung gewährbar, daß nicht ein Anspruch nach den Grundsätzen von der Äquivalenz durch den andern gedeckt wird. Liegt Äquivalenz vor, so liegt keine zweite Erfindung vor, und der darauf gerichtete Anspruch ist zu streichen, weil er patentrechtlich nur eine überflüssige Wiederholung des ersten Anspruchs bildet.

Es ist ferner zulässig, bei einer erfundenen Kombination in derselben Anmeldung auch auf die einzelnen Teile besondere

Ansprüche zu richten, falls diese Teile zugleich selbständige Erfindungen bilden. Handelt es sich um zwei Teile, so sind drei Ansprüche aufzustellen, die jeder für sich eine verschiedene Erfindung enthalten müssen. Der eine Anspruch kennzeichnet nur die Kombination ohne Rücksicht darauf, ob die Teile bekannt sind oder nicht. Auch ein vom Gericht für diesen Anspruch etwa gewährter Teilschutz umfaßt nicht den einzelnen Teil als selbständigen Gegenstand, sondern nur den Teil in seiner besonderen Funktion oder Wirkung, die er bei Herbeiführung des Erfolges der Erfindung ausübt. Die andern Ansprüche beziehen sich auf die Teile als selbständige Gegenstände und sind von der Kombination durchaus unabhängig.

Liegt in der Verbindung der einzelnen Erfindungen keine besondere Erfindung, die einen eigenen Erfolg hat, hat z. B. der Anmelder an einem Taschenmesser durch eine besondere Feder die Klinge besser gesichert und zugleich durch eine besondere Form den Griff handlicher gemacht, ohne daß die Verbindung beider eine besondere Erfindung enthält, so ist die Vereinigung dieser beiden Erfindungen als Kombination in einem einzigen Patentanspruche nicht zulässig. Um die einzelnen Erfindungen geschützt zu erhalten, muß der Anmelder zwei besondere Ansprüche aufstellen. Die Verbindung beider kann er nicht geschützt beanspruchen, weil darin keine Erfindung liegt. Er kann auch nicht etwa die beiden Erfindungen in einem Anspruche mit der Begründung vereinigen, daß er für die beiden einzelnen Erfindungen einen selbständigen Schutz nicht beanspruchen, sondern nur ein Taschenmesser unter Schutz stellen will, das gleichzeitig sowohl die Federsicherung als auch den verbesserten Handgriff enthält. Denn durch einen solchen Anspruch wäre nur der Schutz beschränkt, nicht aber die Erfindung richtig gekennzeichnet. Der Patentanspruch soll aber grade die Erfindung als solche zutreffend kennzeichnen und nicht über diesen Zweck hinaus den Schutzumfang feststellen oder beschränken. Würde der Anspruch in der vom Anmelder gewünschten Form zugelassen, so könnte entweder der Anmelder selbst oder auch ein anderer Erfinder, solange die Erfindung nicht druckschriftlich veröffentlicht ist, in neuen Anmeldungen nun auch noch die Federsicherung und den Handgriff selbständig geschützt beanspruchen. Es wären dann schließlich, den erteilten Patenten nach, drei Erfindungen geschützt, während doch nur zwei Erfindungen vorliegen. Würde im Nichtigkeitsverfahren dem auf die Federsicherung und den Handgriff zusammen erteilten Patent gegenüber die Nichtneuheit des Handgriffs nachgewiesen, so müßte, formell betrachtet, dieses Merkmal als nicht mehr zur Kennzeichnung der Erfindung dienend aus dieser ausgeschieden werden. Dies würde aber nicht eine Einschränkung, sondern eine Erweiterung des Schutzes bedeuten und mit der vom Anmelder vorgenommenen Beschränkung in Widerspruch stehen. Dem beschränkten Schutz würde es vielmehr entsprechen, daß bei dem Nachweise der Nichtneuheit des Handgriffs der Anspruch ganz zu vernichten wäre. Dies könnte aber nur mit der Beschränkung, die der Anmelder sich selbst auferlegt hatte, begründet werden und läge außerhalb des Rahmens des Nichtigkeitsverfahrens. Denn gemäß § 10 Zffr. 1 des PG. kann ein Patent nur vernichtet werden, wenn der Gegenstand nach §§ 1 und 2 nicht patentfähig war. Patentfähig war aber außer dem Handgriff auch die Federsicherung und ein Grund zu völliger Vernichtung des Patents wäre also nach dem Patentgesetze selbst nicht gegeben.

Nach der früheren Praxis des Patentamts wird die Vereinigung mehrerer Erfindungen in einer Anmeldung dadurch nicht gerechtfertigt, daß die verschiedenen Neuerungen unter einem wirtschaftlichen Gesichtspunkte zusammengefaßt werden können. Dieser Standpunkt wird in neuerer Zeit aber nicht mehr strenge festgehalten. Es gehen sehr häufig Anmeldungen beim Patentamte ein, bei denen es sich um verschiedene Verbesserungen desselben Gegenstandes handelt, deren Verbindung keine besondere Erfindung enthält. Anmeldungen dieser Art gegenüber vermag sich das Patentamt unter dem Eindrucke, daß die Beanstandung der Einheit eine Zerstückelung zur Folge haben würde, welche die Übersicht über die angemeldeten Erfindungen für das Patentamt selbst wie für die Beteiligten erschwert, nicht immer ablehnend zu verhalten. Fehlerhaft ist es indessen, wenn hier versucht wird, die Einheit durch Aufstellung eines einzigen die verschiedenen Erfindungen umfassenden Kombinationsanspruchs zu retten, anstatt die Erfindungen in ebenso vielen Ansprüchen selbständig zu kennzeichnen, oder eine andere Form zu wählen, die zum Ausdruck bringt, daß nicht die Kombination, sondern jede Einrichtung selbständig den Gegenstand des Schutzes bilden soll, z. B.:

Taschenmesser, gekennzeichnet durch zwei verschiedene Verbesserungen, nämlich:

1. dadurch, daß — — — — —
2. dadurch, daß — — — — —

Durch eine Patenterteilung in solcher Form wären dann beide Verbesserungen selbständig geschützt, während es nicht ausgeschlossen wäre, eine spätere Erfindung, die beide Einrichtungen in eigenartiger Weise kombinieren würde, auf Grund einer neuen Anmeldung unter Schutz zu stellen.

Der Patentanspruch dient nur dazu, die Erfindung zu kennzeichnen, nicht aber über diesen Zweck hinaus den Schutzumfang festzustellen. Da indessen die gekennzeichnete Erfindung die maßgebende Grundlage für den Patentschutz bildet, so zeigt sich bei den Anmeldern das Bestreben, die Erfindung möglichst allgemein zu kennzeichnen, um für den Schutz durch die Gerichte einen möglichst weiten Spielraum zu gewinnen, oder, umgekehrt, auch die Äquivalente so weit wie möglich in den Patentanspruch hineinzuziehen, um demnächst ihres Schutzes sicher zu sein. Das Patentamt muß nach beiden Richtungen hin diesem Bestreben, wenn es über das zulässige Maß hinausgeht, entgegentreten. Denn das Patentamt hat die Pflicht, auch die Interessen der Allgemeinheit wahrzunehmen. Die Allgemeinheit muß eine scharfe Kennzeichnung der Erfindung wünschen, um über die Grenzen des Erlaubten möglichst im klaren zu sein, und sie hat andrerseits auch einen Anspruch darauf, die Frage der Äquivalenz nicht von dem dafür nicht zuständigen Patentamt, sondern von den Gerichten entschieden zu sehen. Das Patentamt muß daher da, wo der Stand der Technik keinem Zweifel Raum gibt, die Erfindung so scharf wie möglich ausprägen, und es hat die Äquivalente nur insoweit in die gekennzeichnete Erfindung aufzunehmen, als dies zur Kennzeichnung dienlich ist. Der letztere Fall liegt da vor, wo dem Mißverständnisse begegnet werden muß, als ob ein bei der Erfindung zur Anwendung kommendes Mittel nur gerade in der angegebenen Form wesentlich wäre. Gibt hier die Sprache keinen umfassenderen und völlig zutreffenden Ausdruck an die Hand, so muß die gewählte Form in ihrer Bedeutung durch Zusätze klargestellt werden. Beispiele hierfür bieten die oben erwähnten Patentansprüche 237164 „getrocknete Luft oder andere getrocknete sauerstoffhaltige Gase" und 188902 „Fässer und ähnliche Holzgegenstände". Auch allgemeine Zusätze wie „und dergleichen", die sonst zu vermeiden sind, können hier unter Umständen am Platze sein.

Die Erfindung muß im Patentanspruche nicht nur dem Stande der Technik gegenüber, der sich aus offenkundigen Vorbenutzungen und öffentlichen Druckschriften ergibt, sondern auch erteilten Patenten gegenüber, deren Patentschriften noch nicht veröffentlicht sind, scharf gekennzeichnet werden. Hier hat das Patentamt auch die Äquivalenz zu prüfen, soweit dies zur Kennzeichnung erforderlich ist. Kommt das Patentamt zu dem Ergebnisse, daß die angemeldete Erfindung unter dem Gesichtspunkte der Äquivalenz durch ein älteres Patent vollkommen gedeckt wird, so ist die Patenterteilung ausgeschlossen, da dieselbe Erfindung, wenn auch in anderer oder beschränkter Form, nicht von neuem patentiert werden kann. Liegt keine volle Äquivalenz vor, so hat das Patentamt zwar nicht die Aufgabe, die Schutzbereiche beider Erfindungen gegeneinander abzugrenzen, aber es hat die später angemeldete Erfindung bei ihrer Kennzeichnung so auszuprägen, wie dies mit Rücksicht auf die bereits geschützte Erfindung erforderlich ist. Am einfachsten gestaltet sich diese Kennzeichnung bei Zusatzanmeldungen, weil hier eine Bezugnahme auf das Hauptpatent zulässig ist. In andern Fällen müssen die Merkmale dessen, was hier nicht mehr unter Schutz gestellt wird, weil es bereits früher geschützt worden ist, im einzelnen angegeben werden.

Eine Beschränkung oder Umprägung des Patentanspruchs kann nicht nur mit Rücksicht auf den vom Patentamt ermittelten Stand der Technik, oder auf bereits erteilte Patente, sondern auch aus andern Gründen erforderlich werden, z. B. weil einzelnes von dem, was der Anmelder als eigenartig angibt, vom Patentamt für selbstverständlich gehalten wird, oder weil die Erfindung nicht in dem vom Anmelder behaupteten Umfange ausführbar ist. Hat z. B. der Anmelder eine Erfindung gemacht, bei der unter Anwendung eines bestimmten Metalls, nämlich des Kupfers, eine besondere Wirkung erzielt wird, seinen Anspruch aber auf die Anwendung von Metall im allgemeinen gerichtet, so hat er seinen Rahmen zu weit gespannt, wenn das Patentamt feststellt, daß die Erfindung mit bestimmten anderen Metallen nicht ausführbar ist. Hat hier der Anmelder eine Umformung seines Anspruchs vorzunehmen, so haben die von ihm abgegebenen Erklärungen nicht etwa die Bedeutung von Verzichten. Denn nicht, um Verzichte auszusprechen, sondern um die Erfindung richtig zu kennzeichnen, gibt der Anmelder seine Erklärungen ab. Die Erklärung des Anmelders in dem angeführten Beispiel, durch die er statt Metall schlechthin Kupfer in den Patentanspruch einsetzt, kann daher nicht dahin ausgelegt werden, daß der Anmelder den Schutzbereich seiner Erfindung auf Kupfer habe beschränken wollen. Der Anmelder ist also nicht gehindert, auf Grund des erteilten Patents auch für die Anwendung einzelner anderer Metalle Schutz zu beanspruchen, sofern auch bei ihrer Anwendung der Erfolg erreicht wird und nach dem Stande der Technik Äquivalenz vorliegt. Ergibt sich, daß das Patentamt sich in seiner Annahme, daß der Erfolg mit bestimmten einzelnen Metallen nicht erreicht werde, geirrt hat, so steht auch nichts im Wege, daß der Anmelder unter dem Gesichtspunkte der Äquivalenz sogar für diese Metalle Patentschutz beansprucht. Das gleiche gilt, wenn der Anmelder auf Vorhalt einen von mehreren Ansprüchen hat fallen lassen. Dies hindert ihn nicht, den übrigen Ansprüchen diejenige Auslegung zu geben, die ihnen patentrechtlich zukommt, und unter dem Gesichtspunkte der Äquivalenz auch den Gegenstand des fallengelassenen Anspruchs in den

Schutzbereich der übrigen Ansprüche hineinzuziehen. Ein fallengelassener Anspruch gilt als nicht erhoben; eine weitere Bedeutung hat die Streichung nicht, insbesondere nicht die Bedeutung eines Verzichts auf Schutz, der auf Grund eines andern Anspruches verlangt werden kann.

Daraus, daß das Patentamt nicht die Aufgabe hat, den Schutzumfang des von ihm zu erteilenden Patentes zu bestimmen, folgt zwar, daß das Patentamt nicht berufen ist, den Anmelder zu Verzichtserklärungen, die innerhalb des Bereichs des Patentschutzes liegen, zu veranlassen. Dies schließt aber nicht aus, daß der Anmelder auf Anfragen des Amts, die lediglich auf eine Kennzeichnung der Erfindung im Anspruche abzielen, der gekennzeichneten Erfindung eine Fassung gibt, die geeignet ist, ihn im Schutzumfange zu beschränken. Hat z. B der Anmelder einen von ihm erfundenen Knopfverschluß für Handschuhe als Erfindung angemeldet und wird ihm vom Patentamte nahegelegt, die Worte Handschuhe als eine Überbestimmung zu streichen, so liegt die Möglichkeit vor, daß der Anmelder die Streichung mit der Begründung ablehnt, daß er sich nur mit der Fabrikation von Handschuhen befasse. Die gleiche Möglichkeit besteht bei einem im Bergwerksgebiet ansässigen Industriellen, der eine Neuerung an Grubenlaternen angemeldet hat, die auch bei anderen Laternen anwendbar, dort aber von geringerer praktischer Bedeutung ist. In diesen Fällen haben die Anmelder sich in ihrem Schutz selbst beschränkt. Während sie bei der weiten Fassung die Neuerungen für Knopfverschlüsse oder Laternen allgemein geschützt erhalten, werden ihnen die Neuerungen bei der beschränkten Fassung durch das Patent nur für Handschuhknopfverschlüsse oder Grubenlaternen unmittelbar geschützt. Ein Verzicht auf Schutz im Rechtssinne liegt aber auch hier nicht vor. Die Anmelder erhalten auch hier grundsätzlich denjenigen Schutz, der ihnen auf der Grundlage der im Patentanspruch gekennzeichneten Erfindung gebührt. Sie sind trotz ihres früheren Verhaltens und trotz der beschränkten Fassung nicht gehindert, auch für andere Arten von Knopfverschlüssen oder Laternen Patentschutz zu fordern. Dieser Patentschutz wird ihnen dann aber nur unter der Voraussetzung der Äquivalenz zuteil, die vom Gerichte im einzelnen Falle besonders festzustellen ist, während ihnen bei der weiteren Fassung der Schutz schlechthin vom Gerichte zugebilligt werden muß.

Der Grundsatz, daß Erklärungen des Anmelders, welche auf eine richtige Kennzeichnung der Erfindung abzielen, nicht unter dem Gesichtspunkt des Verzichts zu betrachten sind, schließt selbstverständlich nicht aus, diese Erklärungen ebenso wie den übrigen Akteninhalt bei Auslegung dessen, was patentiert ist, gegebenenfalls zu berücksichtigen.

Wir fassen das Ergebnis unserer Untersuchung kurz zusammen:

Es ist in erster Linie Sache des Anmelders, die geschützt beanspruchte Erfindung im Patentanspruche zu kennzeichnen. Auf Grund der vom Patentamte vorgenommenen Prüfung ist sodann der Anspruch erforderlichenfalls dem Stand der Technik und den sonstigen Ergebnissen der Prüfung entsprechend umzuprägen.

Der vom Patentamte gewährte Anspruch muß jedenfalls die Erfindung als solche unter Aufführung ihrer gesamten Merkmale und unter Weglassung aller Überbestimmungen kennzeichnen. Er muß aber darüber hinaus die Erfindung auch im einzelnen kennzeichnen, soweit dies für das Verständnis der Allgemeinheit förderlich ist und ohne Beeinträchtigung des Anmelders geschehen kann.

Die Prüfung der einzelnen Teile der Erfindung hat diese jedoch nur als Glieder der ganzen Erfindung zum Gegenstande. Eine Prüfung der einzelnen Teile in ihrer Selbständigkeit ist nicht Aufgabe des Patentamts.

Das erteilte Patent hat konstitutive Kraft. Es schützt die gekennzeichnete Erfindung. Eine Beschränkung kann nur im Nichtigkeitsverfahren stattfinden.

Die Gerichte sind berufen, auf Grund der im Anspruch gekennzeichneten Erfindung den Schutzumfang des Patents im Parteiverfahren festzustellen.

Hierbei haben sie der patentierten Erfindung den ihr nach

dem Stande der Technik gebührenden Schutz zu gewähren und für die Frage der Äquivalenz insbesondere zu berücksichtigen, ob die der Erfindung zugrunde liegende Idee gemäß § 2 des PG. bereits bekannt oder völlig neu ist. Der Schutz der Erfindung ist ein weiterer, wenn es sich um eine sogen. Pioniererfindung handelt, dagegen ein engerer, wenn die Erfindung nur in der besonderen Anwendung einer bereits bekannten Idee besteht.

Der von den Gerichten etwa gewährte Teilschutz für die einzelnen Verbindungsglieder ist auf die Funktion oder Wirkung zu beschränken, welche die Glieder bei Herbeiführung des Erfolges der Erfindung ausüben.

Die Gerichte sind bei Gewährung des Schutzes an die im Patentanspruch gekennzeichnete Erfindung gebunden. Welches die geschützte Erfindung ist, haben die Gerichte unter Heranziehung der Beschreibung, erforderlichenfalls auch der Erteilungsakten, durch Auslegung festzustellen. Soweit eine Kennzeichnung der Erfindung in ihren einzelnen Teilen erfolgt ist, sind die Gerichte auch an diese gebunden. Sie haben einerseits das, was im Patentanspruch als das Neue und Eigenartige der Erfindung gekennzeichnet ist, als solches hinzuzunehmen, und dürfen andrerseits Glieder, deren Verbindung als bekannt gekennzeichnet ist, nicht im Widerspruch mit dem Patentamt als neu und eigenartig behandeln. Soweit eine besondere Kennzeichnung der einzelnen Verbindungsglieder in ihrer Bedeutung bei der Erfindung weder im positiven noch im negativen Sinne erfolgt ist, haben die Gerichte der Erfindung den ihr nach dem Stande der Technik zukommenden Schutz zu gewähren.

Verlangt der Anmelder einzelne Elemente oder eine einzelne Verbindung von Elementen selbständig geschützt, so muß er diese in besonderen Patentansprüchen unter Schutz stellen.

Mehrere Verbesserungen desselben Gegenstandes, deren Verbindung keine besondere Erfindung bildet, sind, selbst wenn sie in einer Anmeldung vereinigt sind, durch mehrere Ansprüche unter Schutz zu stellen; für ihre Kombination kann kein Schutz beansprucht werden.

Erklärungen des Anmelders, die auf eine zutreffende Kennzeichnung der Erfindung abzielen, haben nicht die Bedeutung eines Verzichts.

Mit dieser Regelung dürfte einerseits die konstitutive Bedeutung der Patenterteilung und andrerseits auch die Rechtsprechung der Gerichte zu der ihr gebührenden Geltung kommen.

Schwierigkeiten können dann entstehen, wenn das Patentamt sich bei der Patenterteilung nicht an den hier dargelegten Grundsatz gehalten hat, daß von mehreren in einer Anmeldung geschützt beanspruchten Erfindungen jede für sich besonders zu kennzeichnen ist. Hat z. B. das Patentamt mehrere selbständige Verbesserungen desselben Gegenstandes nicht getrennt, sondern in einem Kombinationsanspruche unter Schutz gestellt, und läßt sich hier feststellen, daß im Sinne der Patenterteilung nicht die Kombination, sondern die einzelnen Verbesserungen geschützt werden sollten, so hat sich das Gericht bei Gewährung des Schutzes nicht an die Form, sondern an die Sache zu halten. Nicht die Form, in welche der Patentanspruch gekleidet ist, sondern der Wille des Patentamts ist hinsichtlich dessen, was patentiert worden ist, maßgebend. Hier haben also die Gerichte, der Form ungeachtet, einer jeden selbständigen Verbesserung den ihr gebührenden vollen Schutz zu gewähren. Ergibt die Feststellung, daß in dem Patentanspruch sowohl die einzelnen Verbesserungen in ihrer Selbständigkeit, als auch ihre Kombination als eigenartig unter Schutz gestellt werden sollte, so haben die Gerichte nicht nur für die einzelnen Verbesserungen, sondern auch für die Kombination den vollen Schutz zu gewähren.

C. Die Prüfung der Neuheit

Gemäß § 2 des PG. gilt eine Erfindung nicht als neu, wenn sie zur Zeit der auf Grund dieses Gesetzes erfolgten Anmeldung in öffentlichen Druckschriften aus den letzten hundert Jahren bereits derart beschrieben oder im Inlande bereits so offenkundig benutzt ist, daß darnach die Benutzung durch andere Sachverständige möglich erscheint[6]).

Diese Bestimmung regelt nur die Neuheit der Erfindung. Eine „Erfindung", die gemäß § 2 druckschriftlich veröffentlicht oder offenkundig benutzt ist, gilt nicht als neu. Es ist indessen zur Anwendung des § 2 selbstverständlich nicht erforderlich, daß der Gegenstand, um den es sich handelt, gerade als Erfindung veröffentlicht oder benutzt ist. Es genügt vielmehr, daß das, was im Sinne der Anmeldung die Erfindung ausmacht, veröffentlicht oder benutzt worden ist, vorausgesetzt, daß dies in der gleichen Bedeutung geschehen ist, die dem Gegenstande als Erfindung zukommen soll[7]). Es entscheidet die bloße Tatsache der Veröffentlichung oder Benutzung, ohne daß es auf die Zeit oder die Umstände, unter denen sie erfolgt ist, irgendwie ankommt. Auch die Wiedereinführung einer längst vergessenen, aber durch eine öffentliche Druckschrift in den letzten hundert Jahren vor der Anmeldung bekanntgegebenen Erfindung in die technische Praxis ist nicht patentwürdig[8]).

Die Neuheit der Erfindung ist in § 2 nur im Hinblick auf die Frage der Patentfähigkeit geregelt. Dies ergibt sich aus dem Zusammenhange des § 2 mit dem § 1. Der § 1 bestimmt, daß für neue Erfindungen Patente erteilt werden, und der § 2 regelt in Verbindung hiermit die Frage, wann eine Erfindung als nicht mehr neu zu gelten hat. Erfindungen, die nicht neu sind, sind gemäß § 1 auch nicht patentfähig. Der § 2 bezweckt also offenbar lediglich eine Feststellung dessen, was als nicht neu vom Patentschutze ausgeschlossen sein soll. Nur für die Frage des Patentschutzes ist also die Neuheit gesetzlich festgelegt, nicht aber auch für alle übrigen Fragen auf dem Gebiete des Patentrechts, bei denen die Neuheit in Betracht kommen kann, insbesondere also nicht für die im folgenden Abschnitte zu behandelnde Frage der Eigenart der Erfindung. Der § 2 stellt fest, was ein Gemeingut in dem Sinne

[6]) Über die Bedeutung dieser Bestimmung vgl. d. V. „Die Neuheit der Erfindung".

[7]) M. u. W. X S. 177 RG.

[8]) M. u. W. XII S. 82 RG.

bildet, daß es der Allgemeinheit durch Patentschutz nicht entzogen werden darf, nicht aber was Gemeingut in dem Sinne ist, daß es als der Allgemeinheit, d. h. jedermann, bekannt zu gelten hat.

Indessen darf die Anwendung des § 2 bezüglich dessen, was als nicht neu vom Patentschutze ausgeschlossen sein soll, nicht auf die Erfindung im ganzen beschränkt werden. Wird eine Erfindung im ganzen geschützt, so umfaßt dieser Schutz zugleich auch die einzelnen Teile, zwar nicht als selbständige Gegenstände, aber als Teile des Ganzen; denn das Ganze schließt auch die Teile ein. Hieraus folgt, daß der § 2 auch auf den Teilschutz zur Anwendung kommen muß. Sind die Teile gemäß § 2 bekannt, so können sie nicht mehr unter Schutz gestellt werden, und wenn dessenungeachtet die Erfindung im ganzen patentfähig ist, so muß sie in ihrer Patentfähigkeit hier so gekennzeichnet werden, daß dabei diejenigen Teile, die für die Allgemeinheit frei bleiben müssen, vom Patentschutze ausgeschlossen werden.

Bei Anwendung des § 2 kommt es auch nicht auf die konkrete Form an, in welche die Erfindung gekleidet ist, sondern auf ihren patentrechtlichen Kern. Der Patentschutz ist also auch dann ausgeschlossen, wenn die Erfindung unter dem Gesichtspunkte der Äquivalenz gemäß § 2 bereits Gemeingut ist, mögen nun einzelne oder alle Elemente der bekanntgewordenen Erfindung durch äquivalente Elemente ersetzt sein. Dasselbe gilt, wenn der bekannten Erfindung in ihrer Kombination noch ein weiteres Glied hinzugefügt ist, das für den Erfolg nicht wesentlich ist und nur eine Überbestimmung enthält, oder wenn aus der bekannten Erfindung ein Element ausgeschaltet wird, dessen Ausscheidung keinen besonderen Erfolg herbeiführt, sondern den Erfolg nur so, wie es dem Fehlen des Gliedes entspricht, abschwächt. Ebenso ist auch der Teilschutz ausgeschlossen, wenn der in Frage kommende Teil in äquivalenter Form bekannt geworden ist.

Die Erfindung muß gegenüber dem bisherigen Stande der Technik einen Fortschritt enthalten. Was gemäß § 2 bekannt geworden ist, kann nicht mehr unter Patentschutz gestellt werden, weil es bereits eine Errungenschaft der Technik bildet. Eine Erfindung ist daher nur dann patentfähig, wenn sie dieser Errungenschaft gegenüber einen Fortschritt bedeutet. Dies bedingt, daß die angemeldete Erfindung in ihrer Bedeutung mit dem, was bisher bereits geleistet wurde und gemäß § 2 bekannt geworden ist, verglichen werden muß. Bei diesem Vergleiche ist nicht das Ergebnis der Erfindung für sich allein, sondern in Verbindung mit den Mitteln, die es herbeiführen, zu betrachten. Ein Fortschritt liegt auch darin, daß ein Verfahren vereinfacht oder verbilligt wird, daß Arbeitskräfte erspart werden, daß Handarbeit durch Maschinenarbeit ersetzt wird, daß Unterbrechungen im Arbeitsgange beseitigt werden, daß den benutzten Arbeitsmitteln oder Gebrauchsgegenständen durch eine besondere technische Behandlung eine längere Gebrauchsdauer verliehen wird usw. Es kann unter Umständen schon genügen, daß durch andere Mittel oder auf anderem Wege etwas Bekanntes erreicht wird, ohne daß diese Mittel oder Wege gegenüber den bisher üblichen bessere sind, weil es für das Gewerbe von Wert sein kann, verschiedene Mittel oder Wege zur Auswahl zu haben. Enthält nun die angemeldete Erfindung gegenüber den bereits bekannten Erfindungen nach keiner Richtung hin einen Fortschritt, so ist ihr die Patentfähigkeit abzusprechen. Hier handelt es sich allerdings nicht um die Frage, ob die angemeldete Erfindung selbst als solche neu ist. Ihre Neuheit wird hier vielmehr unterstellt und die Prüfung geht dahin, ob eine andere Erfindung, der gegenüber sie keinen Fortschritt enthält, gemäß § 2 bereits Gemeingut ist.

Schließlich gehört noch hierher, daß der Schutz der angemeldeten Erfindung beschränkt werden muß, wenn verwandte Erfindungen gemäß § 2 bereits Gemeingut geworden sind, in deren freien Bereich die Erfindung mit ihrem Schutze nicht eingreifen darf. Hier berührt sich dann die Prüfung auf Neuheit mit der Prüfung auf Eigenart, nur mit dem Unterschied, daß bei ersterer der § 2 anwendbar, bei letzterer dagegen nicht anwendbar ist. Soweit es sich um bereits früher vollbrachte Leistungen handelt, gehört hier die Prüfung dem Gebiete der Neuheit an, während die Prüfung dem Gebiete der Eigenart angehört, soweit es sich um die Frage der Kenntnis von der benutzten Idee handelt[9]).

D. Die Prüfung der Eigenart.

Die Allgemeinheit erfährt nur dann eine Bereicherung, wenn durch die ihr zugeführte Erfindung etwas geschaffen worden ist, was mit den gewöhnlichen Mitteln des Gewerbes, selbst bei Voraussetzung der erforderlichen Fachkenntnisse, nicht ohne weiteres geschaffen werden konnte. Würde für jede gewöhnliche Maßnahme, die zwar als bekannt nicht nachweisbar, aber so selbstverständlich ist, daß ein Fachmann sie im Bedarfsfalle ohne weiteres anzuwenden vermag, ein Patent erteilt, so würde das Gewerbe dadurch nicht gefördert, sondern vielmehr benachteiligt. Denn infolge der Erteilung des Patents würde das Gewerbe in seiner Allgemeinheit gehindert sein, Maßnahmen, die, weil naheliegend, jedem Fachmann zugänglich waren, und die insofern ein Gemeingut der Technik bildeten, gegen den Willen des Patentinhabers zur Anwendung zu bringen. Dies ist selbstverständlich nicht die Absicht des Gesetzes. Nur derjenige erhält mit Recht ein Patent, welcher etwas ersonnen hat, was auch ein Fachmann, trotz seines Fleißes, seines Verständnisses und seiner Kenntnisse, nicht ohne weiteres zu ersinnen vermochte. Denn erst durch seinen Vorgang hat er es andern Sachverständigen ermöglicht, etwas zu leisten, was diese ohne ihn nicht hätten leisten können.

Die Patenterteilung hat also zur Voraussetzung, daß die Allgemeinheit eine Bereicherung erfährt, die außerhalb des Bereiches ihres bisherigen Könnens lag. Bei der Frage, ob diese Voraussetzung erfüllt ist, scheidet, wie bereits ausgeführt wurde, die Person des Erfinders aus. Nicht die besonderen Verhältnisse, unter denen der Erfinder persönlich gearbeitet hat, sind zu prüfen, sondern es ist allein entscheidend, ob ein Fachmann

[9]) Vgl. unten S. 44.

das Gefundene ohne besondere Phantasie zu finden vermochte oder nicht.

Da der Stand der Technik insofern ein wechselnder ist, als immer wieder neue Ideen auftauchen, die zum Gemeingut werden und die Technik bereichern, so kann auch die Beurteilung der Patentfähigkeit eine sehr verschiedene sein, je nach dem Zeitpunkte, welcher der Beurteilung zugrunde gelegt wird. Was gestern neu war, ist heute vielleicht schon Gemeingut geworden, und was früher als eigenartig gegolten hätte, ist infolge des veränderten Standes der Technik heute vielleicht als eine jedem Fachmann ohne weiteres zugängliche Maßnahme anzusehen. Da nun für die Prüfung, ob für eine Erfindung ein Patent zu erteilen ist, nicht die Zeit der Entstehung der Erfindung, sondern der Tag der Anmeldung maßgebend ist[10]), so kann sich ergeben, daß eine ursprünglich neue und eigenartige Erfindung nachträglich ihre Patentfähigkeit verliert, weil der Stand der Technik in der Zwischenzeit eine wesentliche Änderung erleidet, infolgedessen die Erfindung, selbst wenn sie an und für sich neu bleibt, nachträglich ihre Eigenart einbüßt. Auch hier zeigt sich die Notwendigkeit, die Erfindung bei Prüfung der Patentfähigkeit rein objektiv zu fassen und nicht zu fragen, ob vom Standpunkte des Erfinders, sondern ob vom Standpunkte eines mit dem Stande der Technik vertrauten Fachmanns, der unter gewöhnlichen Verhältnissen zu arbeiten hatte, etwas Eigenartiges geleistet ist.

Eigenart und Neuheit sind scharf zu unterscheiden. Ist die angemeldete Kombination gemäß § 2 nicht mehr neu und deshalb nicht patentfähig, so erledigt sich damit die Prüfung auf Eigenart. Ist aber die Kombination an und für sich noch neu, so steht ihr der § 2 nicht patenthindernd entgegen und es kommt nunmehr die Eigenart in Frage. Auch für diese Frage kann es unter Umständen von Bedeutung sein, ob die der Kombinationen zugrunde liegende Idee oder ein einzelnes Verbindungsglied der Kombination noch neu ist. Indessen ist dies keine selbständige Frage der Patentfähigkeit mehr, sondern

---

[10]) Vgl. des Verf. „Patentfähige Erfindung und Erfinderrecht" S. 48.

eine der Prüfung auf Eigenart untergeordnete Frage. Ergibt sich, daß wesentliche Teile der Kombination bereits bekannt sind, so kann trotz der Nichtneuheit dieser Teile die Kombination im ganzen für eigenartig erachtet werden. Es kann aber auch auf Grund der Feststellung, daß wesentliche Verbindungsteile der Kombination bereits bekannt sind, die Eigenart der Kombination verneint werden. In letzterem Falle ist dann der Kombination die Patentfähigkeit abzusprechen, aber nicht mit der Begründung, daß sie nicht neu sei, sondern weil sie nicht eigenartig ist. Ebenso kann die Feststellung, daß die der Kombination zugrunde liegende Idee bereits bekannt war, dazu führen, der Kombination die Eigenart und damit die Patentfähigkeit abzusprechen, obwohl sie an und für sich neu ist. Es fragt sich nun, welche Bedeutung dem § 2 in bezug auf einzelne Verbindungsglieder oder für die der Kombination zugrunde liegende allgemeine Idee zukommt. In dieser Beziehung ist folgendes zu bemerken.

Der § 2 des PG. trifft nur darüber Bestimmung, unter welchen Voraussetzungen die Erfindung selbst als nicht neu zu gelten hat. Die Frage hingegen, in welchem Falle die allgemeine Idee oder das einzelne Verbindungsglied der Erfindung als nicht neu zu gelten hat, ist hier nicht ausdrücklich geregelt. Soweit es sich bei dieser Frage darum handelt, in welchem Umfange der Anmelder für seine Erfindung Schutz beanspruchen kann, entspricht es, wie bereits in dem Abschnitte über die Prüfung der Neuheit ausgeführt ist, dem Sinne des Gesetzes, die Bestimmung des § 2 gleichfalls zur Anwendung zu bringen. Ist die allgemeine Idee in früheren Erfindungen bereits zur Anwendung gekommen und ist dies aus den druckschriftlichen Veröffentlichungen oder offenkundigen Benutzungen gemäß § 2 zu entnehmen, so kann die angemeldete Erfindung nicht als Pioniererfindung gelten, und wenn ein einzelnes Verbindungsglied gemäß § 2 des PG. bekannt geworden ist, so kann der Anmelder dafür keinen Teilschutz beanspruchen. Hier gibt bereits das Patentamt der Erfindung im Patentanspruche die zutreffende Kennzeichnung, und wenn die Kennzeichnung eines einzelnen Gliedes in seiner Bedeutung bei der Erfindung weder im positiven noch im negativen Sinne erfolgt ist, so hat das Gericht der Erfindung den Teilschutz abzusprechen, wenn der Stand der Technik dies erfordert. Denn was objektiv nicht neu ist, kann nicht mehr geschützt werden.

Eine ganz andere Frage ist es aber, ob und in welchem Maße das, was gemäß § 2 bekannt geworden ist, bei der Prüfung auf Eigenart als neuheitsschädlich zu berücksichtigen ist. Hier ist zu prüfen, ob die Benutzung der Idee oder die Einreihung des Verbindungsgliedes in die Kombination zur Hervorbringung des der Erfindung eigentümlichen Erfolges für einen Sachverständigen nahelag. Hier handelt es sich nicht um den Schutz der Allgemeinheit, sondern die Erfindung selbst ist auf ihre Existenz zu prüfen. Bei dieser Prüfung kann selbstverständlich nicht unterstellt werden, daß dem Sachverständigen alles das, was für die Frage der objektiven Neuheit gemäß § 2 des PG. als bekannt zu gelten hat, auch in seiner Person bekannt gewesen sei. Das wäre eine Fiktion, welche die Patentierung von Erfindungen so gut wie völlig ausschließen würde, zumal wenn dabei weiter unterstellt wird, daß dem Sachverständigen alles das, was als bekannt zu gelten hat, in seiner Bedeutung bei der Konzeption gegenwärtig gewesen sei. Eine solche Fiktion wäre auch auf etwas Unmögliches gerichtet, denn eine einzelne Person kann unmöglich die Kenntnis alles dessen in sich vereinigen, was jemals gemäß § 2 in Druckschriften beschrieben oder offenkundig benutzt ist. Dies kann nicht der Sinn des § 2 sein. Der § 2 regelt nur die objektive Neuheit, nicht aber die subjektive Kenntnis dessen, was bei Konzeption einer Erfindung als bekannt vorauszusetzen ist.

Für die Prüfung auf Eigenart scheidet hiernach der § 2 aus und es kommt nur auf die Frage an, ob ein Sachverständiger, der über die erforderliche Fachkenntnis verfügt und dem die üblichen Hilfsmittel zur Verfügung stehen, unter gewöhnlichen Umständen ohne besondere Phantasie die als Erfindung angemeldete Kombination gleichfalls zu finden vermochte. Dieses „Vermögen“ kann man den subjektiven Stand der Technik nennen; es ist das Maß dessen, was ein einzelner

Sachverständiger unter normalen Verhältnissen auf seinem Fachgebiete zu leisten vermag. Im Gegensatze hierzu steht der objektive Stand der Technik, der alles das umfaßt, was von der Gesamtheit tatsächlich bereits geleistet und gemäß § 2 bekannt geworden ist, und nunmehr ein Gemeingut bildet, das nicht mehr unter Patentschutz gestellt werden kann. Daß dem einzelnen Sachverständigen alle bekannten Verbindungsglieder der Kombination oder die zur Anwendung gekommene Idee in seiner Person bekannt und gegenwärtig waren, ist ebensowenig vorauszusetzen, als daß sie ihm unbekannt waren. Es kommt vielmehr darauf an, ob sie im Bereiche seines Faches lagen, so daß sie ihm entweder seiner Fachbildung nach bekannt sein mußten, oder doch für ihn so zugänglich waren, daß er sich ihre Kenntnis aus der Literatur oder auf andere Weise verschaffen konnte. Hier handelt es sich nicht um eine Präsumtion bloßen Wissens, sondern um eine Präsumtion des Könnens. Es entscheidet daher auch nicht die Tatsache der Veröffentlichung oder Benutzung schlechthin, sondern es kommt auf die Zeit und Art der Benutzung oder Veröffentlichung, auf den Zusammenhang, in dem sie erfolgt ist, auf ihre Verbreitung usw. an, während alles dies für die Nichtneuheit im objektiven Sinne gemäß § 2 des PG. ganz belanglos ist. Hier ist der Sachverständige andrerseits auch nicht auf das zu beschränken, was gemäß § 2 bekannt geworden ist, sondern es ist darüber hinaus alles das in Betracht zu ziehen, was einem Sachverständigen seiner Fachrichtung nach geläufig ist.

Hiernach ist für die Prüfung auf Eigenart nicht zu unterstellen, daß dem Sachverständigen der gesamte objektive Stand der Technik bekannt war. Diese Unterstellung müßte in vielen Fällen auch schon daran scheitern, daß die einzelnen in der Erfindung kombinierten Elemente ganz verschiedenen Gebieten der Technik angehören, die ein einzelner Fachmann nicht gleichzeitig zu beherrschen imstande ist. Hat hier der Erfinder diese ganz verschiedenartigen Gegenstände zusammengetragen und durch ihre Verbindung etwas geschaffen, was das Gewerbe zu fördern vermag, so hat er eine eigenartige Schöpfung vollbracht, die ein Patent wohl verdient. Das, was er geschaffen hat, war auch für einen Sachverständigen nicht selbstverständlich, denn die Kenntnis von Dingen, die ganz verschiedenen Spezialgebieten angehören, oder die Möglichkeit sich diese Kenntnis zu verschaffen, liegt in der Person eines einzelnen Fachmannes nur unter außergewöhnlichen Umständen vor, die bei der Prüfung auf Patentfähigkeit nicht zu unterstellen sind. Aber selbst wenn die sämtlichen im einzelnen bekannten Elemente einem gleichen oder verwandten Gebiete angehören, das ein einzelner Fachmann zu beherrschen imstande ist, ist darum der Kombination die Eigenart noch nicht abzusprechen. Die Kombination mag für einen Sachverständigen, dem sämtliche Elemente nebeneinander vor Augen liegen, selbstverständlich sein. Vor der kombinatorischen Tätigkeit des Erfinders lagen aber diese Elemente nicht nebeneinander vor, sondern sie waren, ein jedes für sich, in der großen Masse des Bekannten enthalten, ohne daraus irgendwie hervorzutreten. Es kann daher auch in einem solchen Falle in der erfolgreichen Verbindung der Elemente unter Umständen eine Erfindung erblickt werden.

Für die Frage, ob die Verwertung einer bekannten Idee, oder die Heranziehung eines bekannten Elementes zur Kombination eigenartig ist, kommen, wie schon bemerkt wurde, auch die Umstände, unter denen die Idee oder das Element bekannt geworden ist, in Betracht.

Veraltete oder wenig beachtete Druckschriften liegen dem Sachverständigen selbstverständlich ferner als Druckschriften, die sich auf der Tagesordnung befinden und in der Industrie, oder sogar darüber hinaus, im Mittelpunkte des Interesses stehen. Hiernach sind die Druckschriften und ebenso auch etwa stattgehabte offenkundige Benutzungen bei der Frage, ob die neue Kombination eigenartig ist, den Umständen nach ganz verschieden zu bewerten. Dabei ist insbesondere auch der Stand der Technik zur Zeit der druckschriftlichen Veröffentlichung und offenkundigen Benutzung von Bedeutung. Ideen, die zur Zeit ihrer Veröffentlichung nach dem damaligen Stande der Technik praktisch bedeutungslos waren, können infolge einer ungeahnten Entwicklung der Industrie später eine solche Bedeutung gewinnen, daß ihre Benutzung für eine Neuschöpfung als Erfindung anerkannt werden muß[11]). Ob hier der Erfinder die Idee aus sich selbst geschöpft hat, oder ob er, vom Glücke begünstigt, in der alten Druckschrift auf die Idee gestoßen ist, die ihn zur Erfindung angeregt hat, ist für die Frage der Patentfähigkeit der neuen Erfindung ohne Bedeutung, weil hier das persönliche Element ausscheidet.

Dasselbe gilt von der offenkundigen Vorbenutzung. Die Heranziehung eines vor längeren Jahren vorbenutzten Elements zur Kombination einer Neuschöpfung kann eigenartig und patentbegründend sein, obschon sie für denjenigen, der von der Vorbenutzung Kenntnis hatte, verhältnismäßig nahe lag. Zur Zeit der offenkundigen Vorbenutzung lag die Verwertung zur Neuschöpfung jedenfalls nicht nahe, weil sonst die Erfindung schon damals gemacht worden wäre. Rückte später ihre Verwertung infolge des veränderten Standes der Technik näher, so rückte dafür die Erinnerung an die Vorbenutzung weiter zurück.

Auch die Art und der Zusammenhang, in welchem eine für die Neuschöpfung benutzte Idee bereits bekannt geworden ist, ist für ihre Bewertung von wesentlicher Bedeutung. In Druckschriften finden sich in unendlicher Fülle Ideen veröffentlicht, die spekulativen Köpfen enstammen und zum Teil sogar programmäßig nur auf Utopien berechnet, dem wirklichen Leben aber fremd sind. Wollte man alle diese Ideen ernst nehmen und für die Prüfung von Erfindungen, die bei fortschreitender Industrie später gemacht sind, heranziehen, so wäre damit nicht selten gerade den besten Erfindungen das Urteil gesprochen. Ideen freilich, welche die Industrie ernstlich beschäftigen, insbesondere solche, die bereits in bekannten Erfindungen praktisch zur Anwendung gekommen sind, bilden ein für die Prüfung auf Eigenart in Betracht kommendes Material. Ihre Kenntnis ist bei jedem Sachverständigen des Faches ohne weiteres vorauszusetzen, und ihre Anwendung innerhalb des Spezialgebietes, dem sie angehören, enthält an und für sich nichts Eigenartiges.

---

[11]) Bl. 1903 S. 141 (145) RG. und Bl. 1904 S. (77) RG.

Die erfolgreiche Anwendung einer Idee hingegen, die den beteiligten Fachkreisen im allgemeinen fremd ist und sich nur gelegentlich in der Literatur erwähnt findet[12]), kann eine patentfähige Erfindung bilden.

Fehlgeschlagene Versuche, die druckschriftlich veröffentlicht sind, können bei der Beurteilung der Eigenart einer später gelungenen Erfindung ebenfalls in Betracht kommen. Ihre Bewertung kann, je nach Lage des einzelnen Falles, eine sehr verschiedene sein. Unterscheiden sie sich von der Kombination, welche die fertige Erfindung bildet, nur dadurch, daß ihnen ein einzelnes Glied fehlt, dessen Einfügung in die Kombination den bisher fehlenden Erfolg herbeiführt, so kann hier die Patentfähigkeit der neuen Erfindung jedenfalls nicht so beurteilt werden, als ob der Erfinder nichts weiter getan habe, als daß er der bisher bekannten Reihe von Elementen noch das fehlende Glied hinzufügte, oder das richtige Glied an die Stelle eines bisher vorhandenen fehlerhaften Gliedes setzte. Dem Erfinder ist hier nicht nur die Hinzufügung des einzelnen Gliedes, sondern der Erfolg des Ganzen zu verdanken, der bisher völlig fehlte. Es liegt regelmäßig schon darin ein Verdienst des Erfinders, daß er sich durch den Fehlschlag eines von anderer Seite unternommenen Versuchs nicht abschrecken ließ, den Erfolg in gleicher Richtung weiter zu suchen, anstatt einen andern Weg einzuschlagen. Der Erfinder mußte sich zunächst darüber klar werden, daß der bisher betretene Weg ungeachtet des Fehlschlags zum Ziele führe, und in dieser Erkenntnis, die ihn den nur als Irrweg bekanntgewordenen Weg nochmals betreten ließ, verbunden mit der Auffindung des weiteren Weges zum Ziele kann eine eigenartige und patentfähige Erfindung erblickt werden, die hier die Kombination in ihrer Gesamtheit umfaßt. Bestand hingegen darüber kein Zweifel, daß der früher betretene Weg kein Irrweg sei, sondern zum Ziele führen müsse, z. B. weil ein bestimmtes Vorziel damit bereits erreicht ist, so kann daraus, daß ungeachtet des schon gewonnenen Ergebnisses der Schlußweg von andern trotz längeren Suchens

---

[12]) Bl. 1912 S. 136 (139) RG.

nicht gefunden wurde, entnommen werden, daß auch hier die Erreichung des Zieles mit dem bereits bekannten Wege nicht von selbst gegeben war. Auch hier ist also eine Erfindung gemacht, die sich indessen auf den letzten Teil des Weges beschränkt, da der Weg zur Etappe in diesem Falle schon ein öffentlicher war.

Findet demnächst ein zweiter Erfinder einen andern Schlußweg zum Ziele und erhält er darauf gleichfalls ein Patent, so ist in dem zuerst erörterten Falle sein Patent von dem des ersten Erfinders abhängig, weil dieser hier den ganzen Weg, dessen erster Teil vorher als Irrweg angesehen wurde, als den richtigen Weg gezeigt hat, von dem der Weg des zweiten Erfinders nur einen Zweigweg bildete. Im zweiten Falle hingegen erhält der zweite Erfinder ein unabhängiges Patent, weil hier der von ihm gefundene Weg gegenüber dem des ersten Erfinders ein völlig selbständiger Weg ist.

Handelt es sich um eine erst unlängst erfolgte offenkundige Benutzung, die noch keine weitere Verbreitung erfahren hat, oder um eine neue Publikation, die noch nicht zur allgemeinen Kenntnis der Fachwelt gelangt ist, so kann diese Beschränkung dem Erfinder für die Prüfung auf Eigenart nicht ohne weiteres zugute kommen. Es ist vielmehr damit zu rechnen, daß die offenkundige Benutzung in natürlicher Entwicklung sich ausdehnt und die durch die Druckschrift vermittelte Kenntnis sich weiter verbreitet[13]). Vorbenutzungen hingegen, die in Vergessenheit geraten sind, und Druckschriften, die veraltet sind, kommen für die Prüfung auf Eigenart nicht in Betracht. Dagegen sind sowohl Vorbenutzungen wie druckschriftliche Veröffentlichungen, selbst wenn sie veraltet sind, dann patenthindernd, wenn sie die Erfindung selbst zum Gegenstande gehabt haben[14]).

Zum Wesen der Erfindung gehört, wie bereits in dem Abschnitte über die Prüfung auf Neuheit ausgeführt wurde[15]),

---

13) Vgl. unten S. 48.
14) M. u. W. XII S. 82 RG.
15) Vgl. S. 34.

daß sie gegenüber dem bisherigen Stande der Technik einen Fortschritt enthält. Ergibt sich nun, daß dasjenige, was der Sachverständige mit den ihm zur Verfügung stehenden Mitteln zu leisten vermag, zwar nicht die Erfindung selbst, aber etwas ihr Gleichwertiges ist, so daß diesem Ergebnisse gegenüber nach keiner der dort angegebenen Richtungen hin ein Fortschritt vorliegt, so ist die Erfindung trotz Eigenart und Neuheit nicht patentfähig, weil die Allgemeinheit hier durch die Erfindung im Vergleich zu dem, was ihre Sachverständigen zu leisten vermögen, keine Bereicherung erfährt. Hier entscheidet das Leistungsvermögen des Sachverständigen, während bei der Frage der Neuheit, wie dort ausgeführt wurde, die bloße Tatsache der druckschriftlichen Veröffentlichung oder offenkundigen Benutzung schlechthin entscheidend ist. Auf die technische Äquivalenz kommt es hier ebensowenig wie dort an. Bei technischer Äquivalenz wäre der angemeldeten Erfindung nicht wegen mangelnden Fortschritts, sondern hier wegen mangelnder Eigenart und dort wegen mangelnder Neuheit die Patentfähigkeit abzusprechen.

Steht das Patentamt auf dem Standpunkte, daß für die Prüfung der Erfindung auf Eigenart lediglich das Vermögen eines dem Spezialgebiete der Erfindung angehörigen Sachverständigen zugrunde zu legen ist, so erfüllt es seine Aufgabe weit befriedigender, als wenn es dem Erfinder einen fingierten Sachverständigen gegenüberstellt, der in seiner Person die Kenntnis alles dessen umfaßt, was jemals im Inlande offenkundig benutzt oder innerhalb der letzten hundert Jahre druckschriftlich veröffentlicht worden ist. Mit seinem Standpunkte wird das Patentamt nicht nur dem Erfinder gerecht, sondern dient zugleich der Industrie. Auch die Industrie muß sich in der Frage der Patentfähigkeit billigerweise auf den Standpunkt stellen, daß ein Erfinder, der ihr etwas bringt, was über das Vermögen eines Fachmannes, also auch über ihr eigenes Vermögen hinausgeht, den Dank in Gestalt eines Patents verdient. Und ein industrieller Unternehmer, der in seinem eigenen Betriebe eine Verbesserung gefunden hat, die für ihn trotz seiner Fachkenntnis nicht selbstverständlich war, wird auch für seine eigene Person ein Patent verdient zu haben glauben, wenn er die Verbesserung nicht für sich selbst im geheimen zur Anwendung bringt, sondern sie im Wege der Patentanmeldung der Allgemeinheit zuführt. Wird ein hiernach verdientes Patent auf Grund von papiernem, nicht dem wirklichen Leben entnommenem Material abgelehnt und wird infolgedessen die Verbesserung der Allgemeinheit nicht bekannt, so hat die Industrie selbst den Ausfall zu tragen. Die Förderung, die der Erfinder ihr zu bringen bereit war, bleibt ihr vorenthalten.

Bei Prüfung einer Erfindung auf Patentfähigkeit ist die Erfindung, wie schon hervorgehoben wurde, rein objektiv ins Auge zu fassen. Ebensowenig wie es zugunsten des Erfinders in Betracht kommt, daß er bei Fertigstellung der Erfindung rein zufällige Schwierigkeiten zu überwinden hatte, die sich lediglich seiner Person hindernd in den Weg stellten, ebensowenig kommt es andrerseits darauf an, ob er bei seiner Erfindung vom Glücke besonders begünstigt war. Die prüfende Behörde hat vielmehr die Erfindung rein objektiv ins Auge zu fassen und sich zu fragen, ob das, was der Erfinder gefunden hat, insoweit es objektiv neu ist, auch von einem andern, der über die erforderliche Sachkenntnis verfügt und sich der ihm zugängigen Hilfsmittel bedient, gleichfalls hätte gefunden werden können.

Diese Prüfung darf indessen nicht so erfolgen, daß dabei die Aufgabe, welche die Erfindung erfüllt, als gestellt angesehen wird, und nunmehr nur geprüft wird, ob die Lösung der Aufgabe für einen Sachverständigen von selbst gegeben war. So wertvoll es sonst unter Umständen sein mag, eine Erfindung unter dem Gesichtspunkte von Aufgabe und Lösung zu betrachten, so verfehlt ist dieser Gesichtspunkt, wenn es sich um die Prüfung der Patentfähigkeit handelt. Die Erfindung darf nicht in Aufgabe und Lösung zerlegt, sondern muß als ein zusammengehöriges Ganzes beurteilt werden. Liegt die Erfindung in manchen Fällen mehr in der Stellung[16]), in andern wieder mehr in der Lösung der Aufgabe, so liegt sie unter

---

[16]) Bl. 1896 S. 5 RG.

Umständen auch in beiden untrennbar vereinigt vor. Die Erfindung ist eine Einheit, und wer sie trennt, läuft Gefahr, sie in der einen oder in der andern Richtung ihrer Bedeutung zu entkleiden.

Damit, daß man diesen Gesichtspunkt als verfehlt erkennt, ist indessen die Schwierigkeit der Prüfung nicht beseitigt. Diese Schwierigkeit besteht darin, daß auf Grund einer rein abstrakten Betrachtung, die von der persönlichen Leistung des Erfinders selbst abzusehen hat, die praktisch bedeutsame Frage der Patentfähigkeit beantwortet werden soll. Es steht zwar fest, daß der Erfinder mit bestimmten Mitteln einen bestimmten Erfolg erreicht hat. Die Schwierigkeiten hingegen, die der Wahl der Mittel und der Erreichung des Erfolges für einen unter gewöhnlichen Umständen arbeitenden Sachverständigen entgegenstanden, lassen sich nicht der Wirklichkeit entnehmen, sondern sie müssen von der zur Prüfung berufenen Person auf Grund eigener Sachkenntnis und Erfahrung künstlich konstruiert werden. Neben diesen Hauptfaktoren spielt aber auch das größere oder geringere Maß von Phantasie, das der zur Prüfung berufenen Person eigen ist, eine besondere Rolle. Die zur Prüfung berufene Person wird nur diejenigen Schwierigkeiten berücksichtigen, die sie sich selbst zu vergegenwärtigen vermag, und sie läuft selbst bei reicher Phantasie immer Gefahr, entweder vorhandene Schwierigkeiten zu übersehen, oder aber Schwierigkeiten als vorhanden anzunehmen, die in Wirklichkeit gar nicht auftauchen konnten. Dies hat dann leicht zur Folge, daß nach der einen oder der andern Richtung hin ein unzutreffendes Urteil abgegeben wird. Wer nur den Ausgangspunkt des Erfinders und das von ihm erreichte Ziel ins Auge faßt, wird die Schwierigkeiten, die der Erfindung im Wege standen, meistens unterschätzen. Denn wer mühelos dem vom Erfinder gebahnten Wege nachgeht, wird leicht geneigt sein, diesen Weg als einen ganz einfachen, für jedermann von selbst gegebenen anzusehen. Ihm werden die Hindernisse, welche der Erfinder an einzelnen Stellen zu überwinden gehabt hat und die auch jeder andere Pfadfinder mühevoll hätte aus dem Wege räumen müssen, leicht entgehen.

Das erste und beste Mittel, die Patentfähigkeit richtig zu beurteilen, ist, den Erfinder selbst über die Entstehung seiner Erfindung zu hören. Zwar ist die persönliche Arbeit des Erfinders für die Beurteilung der Patentfähigkeit seiner Erfindung nicht maßgebend. Indessen werden sich doch aus seiner Darstellung wertvolle Anhaltspunkte dafür ergeben, welche Schwierigkeiten ein unter gewöhnlichen Umständen arbeitender Sachverständiger zu überwinden gehabt hätte, um das Ziel des Erfinders zu erreichen. Die Erfahrung lehrt auch, daß, wenn der Erfinder in mündlichen Verhandlungen selbst darüber zu Worte kommt, wie die Erfindung entstanden ist, durch seine Darlegung der von ihm überwundenen Schwierigkeiten und der zunächst in falscher Richtung unternommenen Schritte die vorgefaßte Meinung, daß es sich um eine naheliegende Maßnahme gehandelt habe, sehr oft wiederlegt wird. Bringt der Erfinder hier gekünstelte Schwierigkeiten vor oder macht er sich der Übertreibung schuldig, so wird die prüfende Behörde kraft ihrer Erfahrung das richtige Maß schon zu finden wissen.

Ist dieser Weg nicht gangbar, z. B. weil dem Erfinder die Gunst des Zufalls zugute gekommen ist, so daß er persönlich keine Schwierigkeiten zu überwinden gehabt hat, oder weil er verstorben ist oder aus andern Gründen nicht zur Verfügung steht, so muß ein anderer Weg betreten werden, um zu einem einigermaßen sicheren Standpunkte für die Beurteilung der Patentfähigkeit zu gelangen. Ein solcher Standpunkt ergibt sich, wenn man die Bedeutung der Erfindung mit dem bisherigen Stande der Technik vergleicht. Zeigt dieser Vergleich, daß der Stand der Technik durch die Erfindung eine wesentliche Förderung erfährt, so wird regelmäßig auch eine patentfähige Erfindung vorliegen. Denn wenn der durch die Erfindung gegenüber dem bisher Bekannten erzielte Fortschritt selbstverständlich wäre, so hätte die beteiligte Industrie schon von selbst den gleichen Schritt getan und nicht erst auf den Erfinder gewartet. Daß hier die auf Fortschritt im allgemeinen doch gewiß bedachte Industrie sich diesen Schritt hat entgehen lassen, spricht dafür, daß der Schritt kein selbstverständlicher war. Daraus folgt dann, daß in dem Vorgange des Erfinders eine richtige Erfindung liegt, die die Erteilung eines Patents wohl verdient.

Bei dieser Art der Prüfung kommt indessen wesentlich in Betracht, ob die Verhältnisse, unter denen der Erfinder den Schritt getan hat, schon seit längerer Zeit vorliegen. Nur dann, wenn feststeht, daß in einem langen Zeitraum trotz bestehender allgemeiner Konkurrenz niemand auf den Fortschritt gekommen ist, ist der Schluß ohne weiteres gerechtfertigt, daß eine patentfähige Erfindung vorliegt[17]). Ist hingegen der Boden, auf dem die Erfindung entstanden ist, ein frischer, so versagt diese Art der Prüfung. Hier läßt sich nicht feststellen, daß die Konkurrenz sich den vorliegenden Fortschritt trotz seiner Bedeutung für die Industrie habe entgehen lassen. Denn es liegt hier die Möglichkeit vor, daß der als Erfinder Auftretende nur als erster unter einer größeren Zahl von Konkurrenten die Neuerung gefunden hat. Die bloße Priorität unter der Konkurrenz verleiht aber dem Finder noch kein Anrecht auf ein Patent. Es wäre nicht gerecht, ihm ein ausschließliches Recht auf eine Neuerung zu geben, die ohne ihn auch andere alsbald von selbst hätten finden können.

Wird hiernach geprüft, ob die angemeldete Erfindung einen wesentlichen Fortschritt gegenüber dem bisherigen Stande der Technik bedeutet, so bedarf es dabei eines Maßstabes, mit dem die Erfindung zu messen ist. Ist die Erfindung offenbar von großer Bedeutung, so wird man über ihre Patentfähigkeit nicht im Zweifel sein. Ist aber die Bedeutung der Erfindung zweifelhaft, so frägt sich, von welchem Gesichtspunkte aus die Prüfung auf Patentfähigkeit zu erfolgen hat. Der zutreffende Gesichtspunkt ist hier aus dem Grundgedanken des Patentgesetzes selbst zu entnehmen. Das Patent bildet ein Entgelt an den Erfinder für die Bereicherung, die er durch Offenbarung seiner Erfindung dem Gewerbe bringt. Es kommt also darauf an, ob das Gewerbe durch die Offenbarung eine Bereicherung erfährt. Gelangt man hier zu der Auffassung, daß dem Gewerbe nichts entgeht, wenn die Anmeldung

---

[17]) Bl. 1903 S. 222 RG.

der Erfindung in den Akten des Patentamts begraben wird und auch sonst niemand durch den Erfinder von seiner Erfindung irgend etwas erfährt, so wird man die Patentfähigkeit verneinen, sei es, daß die Erfindung überhaupt wertlos ist, oder sei es, daß der Erfinder offenbar nur andern, die alsbald das gleiche leisten werden, vorgegriffen hat. Trifft diese Auffassung nicht zu, so wird die Patentfähigkeit zu bejahen sein.

FSC
www.fsc.org
MIX
Papier | Fördert gute Waldnutzung
FSC® C083411

Kolibri 360 GmbH
Ferdinand-Jühlke-Straße 7
99095 Erfurt, Deutschland
produktsicherheit@kolibri360.de